AF409058

DEMIAN PALACIOS
La lluvia de los quetzales
Buenos Aires Poetry, 2024
74 pp.; 13,34 cm. x 20,32 cm.
ISBN 9789878470894
Poesía México

Editorial ©Buenos Aires Poetry

Colección ©Pippa Passes

Diseño editorial ©Camila Evia

BUENOS
AIRES
POETRY

BUENOS AIRES POETRY

editorial@buenosairespoetry.com

www.editorialbuenosairespoetry.com

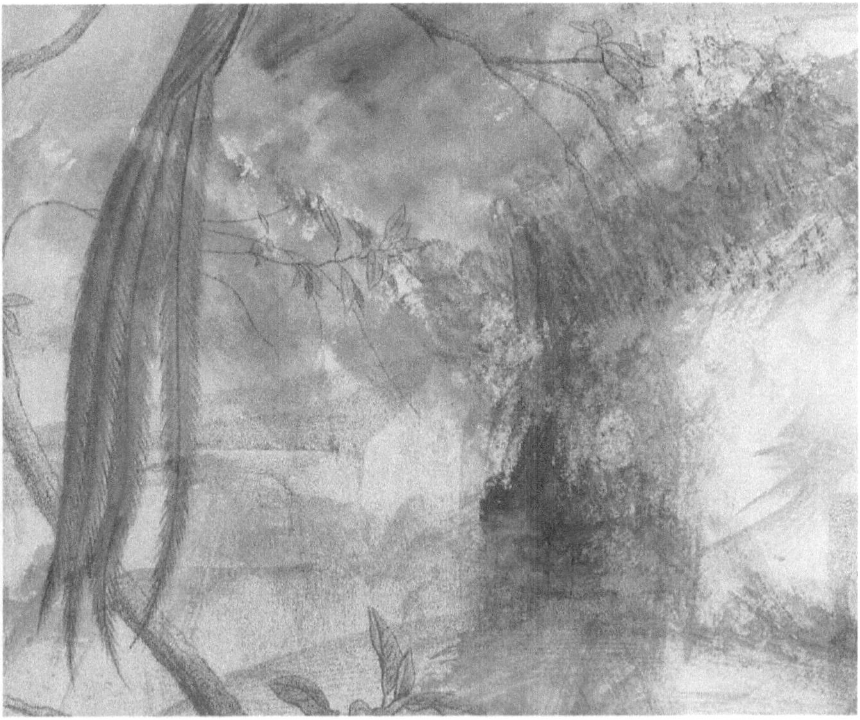

DEMIAN PALACIOS

La lluvia de los quetzales

BUENOS AIRES POETRY

PIPPA PASSES

Demian Palacios

*

La lluvia de los quetzales

*

Que en el cielo un rezo vuele
a Maria del Carmen Pérez Dominguéz.

Una voz y luz a Brayan Zamora

A la más pequeña y creativa voz del canto:
Alyzzandra J. Palacios.

Al sueño que me cuida el amor artesanalmente
y juega a la vida conmigo: Joselin Mejía.

Para el nacimiento y la causa de nacer en calma:
Concepción Soto.

Las reglas de la fuerza y el agua:
Oscar Palacios.

Un espejo que se sigue con huellas:
Israel Palacios.

Las películas de las cosas de la tarde:
Julieta V. Palacios.

La comida que se hace con las manos de un trigal:
Rosa Sampedro Nava.

A ti lector

La luz del día se abrió como una flor:
aún la toco
cuando cierro los ojos.

Dolores Castro

LAS HOJAS DE LA TARDE

LA LLUVIA DE LOS QUETZALES

Como todo lo que se hace sentido y llueve
como se acelera el tiempo al ayer
en el agua de las piedras
con hojas de este otoño acabado y tibio.

Son las estrellas en punto del ensueño de las nubes
y veo de noche el silencio de las cosas,
ese aire tenue que congela las alas y el vuelo
a la mitad de la espuma lisa,
puede ser algo que suene al canto.

A pesar de una década de años tristes
desapareció el viento en este adelanto,
cerca del polvo y el humo y todos los colores verdes
en esta envuelta piel de los tonos.

Las luces, los minutos largos,
y el tiempo que se divierte con las horas,
adentro la jaula sopla,
cuando giran cerca del pan
y en los brazos de la luz del sol
comienzan a verse lejanamente oscurecidos.

AQUELLA DE LAS HOJAS DE LA MEDIA TARDE

Quiero caminar en el otoño
mientras se marchita el sol,
y quiero un minuto en tus tardes,
por cada estrella imaginando lunas al abrirse.

Cuando vuelvas a cruzar en forma de nieve mi mano
llévate el tiempo de mi piel,
en esos sueños cortos donde guardas el otoño suave
en tu apología solar cuando la noche te inventa y ríes.

Te veo desde el cristal,
en el enredo de una noche corta,
en el café tibio que se hace espuma
y recreas mis pasos de humo.

Hoy recordé que tu voz era de vino y miel
una mañana y un invierno cuando duermes
y todo se dice en canto,
así se empalman las cosas por la tarde
a las hojas vuelven a caer entre la luz y el vino.

LOS PÁJAROS VUELAN SOBRE LA LUZ

Recuerdo las plumas caminando en el humo,
despacio sobre los cuerpos que se pierden,
una nota que toca esta piel
que se traspapela imaginando un canto.

Un mutismo permanente y quieto
con los cánticos de calles solas,
como fantasmas en los cristales
vidrios de un elemento viejo.

Mi memoria vive en esta silla
cuando vivo en un sueño,
en esta realidad que se miente así misma
con un pasado volviendo en esta aurora
que se va.

Puede que todo se quede quieto
con una maleta rota,
y se deshacen los caminos de madera
mientras me dedico a morir cada mañana.

Se cierran las estrellas, explotan o mueren
los pájaros vuelan sobre la luz
y parten en una fumarola

se van a la línea de los lagos
buscando agua dentro de los áridos bosques.

Trapa de leños
jaula acumulando piedras
alas que no sirven ya para el cielo,
extraño las nubes del norte
las plumas colgando atrapados sueños.

CLARO DE MEDIA TARDE

A Joselin Mejía García

Cuando vuelvan las palomas o los cuervos
las puertas, los minutos que se tardan más en el reloj,
como es el mundo en una ola,
solo una vez
celeste que marca pasos en dirección en blanco.

Las calles a pie son como las piedras,
el galopar del sol cuando no vuelve
en esta hipérbole,
en este significado quieto que se quiebra,
en la velocidad o el pasar de la era de las flores.

Al oriente de tus velas
por si estallas por las noches
y no te veo más sobre el crepúsculo del viento.

Vienes y caminas por instantes de estrellas
donde se termina o se marchita el día,
donde se sirve un sueño dentro del mundo
como una flor de polvo que espera.

Un ave que esta sobre el frío y se dilata
en el calor que tuvo, que se congela,
en estos vicios del hielo y las bebidas frías,
en el silencio que roba los años.

COMO LUCES DE HIELO

Dame alguna pista celeste que nos junte
y nos vuelva a separar cuando se ponga el sol,
en las vueltas de octubre,
a finales de los años tristes
entre el demás del tiempo y de la noche.

Donde no se ven las nubes
entre el oscuro del viento;
inexacta mirada envolvente en mí,
como luces de hielo,
despejando la voz en corrientes de agua y sal.

Somos como una luna nueva dentro del calor del sol,
en la madrugada tocando el amanecer del viento,
en esta nieve pintando los pasos en hojas de papel
y sin embargo volvemos
a ser parte de todos los desvelos y el sueño.

EL CALOR DE LAS HOJAS DE LA TARDE

Puedo ver las manos entonces
escucho el talismán de tus ojos
cuando intentan acercarme en cuerdas
con esa voz a ti, el tiempo se hace corto.

Sueno en cascabeles al sonido de las hojas
sonora embarcación
que hacen todos los barcos al sueño
y el trópico que tropieza en las marchitas hojas.

Este calor tiene el sabor del sol,
y el tiempo es una constante, una dirección
una luna nueva dentro de una nube.

Bailando en las burbujas cuando se va el viento
tomando de la lluvia pequeñas gotas
en el paso del cielo al suelo;
brillando en el cristal, en el agua y el sol.

Mientras todo se trastoca en las líneas de la mano
el final de la tarde quisiera pronunciar las nubes de humo,
al caer de las palomas al término de los días.

EL TACTO DE LA VOZ

Al tomar las yemas de las manos
encuentro al mundo que palpó tu boca,
a todos, girando a la vez de un cuarto donde duermes.

Guardo el tacto de la voz que amanece en la mañana
en ese intento de luz, en un trago de noche,
que parece muros
ocultando tardes como hojas secas.

El líquido de lluvia se hace vapor de aire,
el gas y las plantas esperan al sol para poder nacer,
para volverse granizos en las palmas;
en este paseo que se quiebra,
congelado en el agua como un cristal.

El universo comienza a caminar cerca del piso
queriendo que no sea mañana,
donde los polos chocan
y los mundos se separan
como los labios que dejan de escucharse.

VOLANDO COMETAS EN EL AGUA

En el vuelo donde nacen las alas
se hace tarde también cuando amanece,
con unos ojos quietos en agua,
aprendemos a nadar volando cometas.

Navegantes en sueños de praderas de madera
las mañanas de las palomas se mueven, se perturban y se
vuelan,
en el camino donde galopan los trenes
en estos minutos cuando el tiempo se está haciendo viejo.

Comparto entonces los delirios de la tarde,
cuando todo quiere oscurecer,
en el sur que nos maltrata al sonar como el ayer,
como quien regresa a los claveles
y a las palabras al cruzar las calles.

Se acabaron las rosas,
esta vez el otoño se llevó los días
entre la lluvia y las hojas secas
que solas están,
como los atardeceres que antes eran claros.

Es como la mitad del viento que se hace parte del humo
que se va y viene en agua,
a veces moviendo el corazón del pecho,
a contra sueño, contando tardes como estrellas.

Y en el invierno también nos hacemos nubes
en estas estrellas cubiertas por la luz.

LA PARADOJA DE LAS VOCES

Zarpando las nubes de los barcos en el alba
antes de que amanezcan en el azar
en el ojalá de las mañanas,
donde viven los entonces.

Al contacto frágil de la lluvia con la piel
donde se cuelgan los ayeres
en esta paradoja,
son las postales del vicio y del viento.

Se seca, se vuelve a la media luz
se raspa con el final del sueño
al comienzo de los días.

Y tenga que esconderse el sol en los cristales
entre el agua y el veneno del aire
iniciando esta vida
en lo que vuelven las voces.

PÉTALOS EN EL SUELO

Todo es ideal para prendarse bajo la lluvia
dentro de lo que fue y fueron huesos de cuarzo,
cuando la vida dejó de amanecer
dejando la tinta para poder imaginar los días cada mañana.

Tu estrella, tú razonante luz de los cometas
o un aura perdida en el cielo
una promesa quemada de ceniza y de sueño
en el albor y el frío.

Como levantarse antes de la primera nube
inventando el sonido de lo que no tiene voz,
ni canta amainada a la esfera que llamamos mundo
y todavía estalla en mí alrededor de pasos.

Habrá que abrir las ventanas
tirarse del agua al mar
donde regresan las flores y se hacen pétalos en el suelo.

En el abrir de las ventanas
de todo lo que se convierte en pesadillas
en este juego que tiene la noche
que los espectros le llaman el final de todas las tardes.

EN EL CAMBIO DE COLOR

Los ojos de la noche entre los años y los sueños
en esta ausencia que parece sola.

En el cambio de color
entre la garganta y la voz.

Parezco un espejo de agua,
un esbozo invisible,
de piel y los dedos de un cristal.

Pienso que a mis pasos van a una sombra,
que persigue a los caminos de los trenes
que vienen del sol.
hierven y se disuelven sobre el marchito suelo.

LAS ALAS DEL VIENTO

Llegaste para darme un rostro
como el alba imperiosa,
disipando las sombras y los sueños.

Tomás Segovia

EL DEVENIR DEL VIENTO

Y como vuelve mi palma
a los desdoblados amaneceres del tacto y la voz
los húmedos, los errantes, los que envejecen en la niebla,
los que se paran.

Fui allá en medio de la niebla
en medio del viento que lleva soles,
en el encino de tu piel
en los reflejos de noche.

Con tu voz muda enciendes el canto del sueño
como cambia el otoño apurando tardes cortas,
que se desfilan o se empalman.

No me importa que el tiempo se adelante o vuelva
empalmando el vuelo de las nubes en horizontes tibios y rotos,
difuminarme como hojas secas,
anochecer con mi voz en mi piel.

Conocí la mitad de ti y de la luna
quemando y lastimando estos ojos,
caminando en la calle con palabras incompletas y espacios
                                        |en blanco,
algún día llamamos a la tarde al silencio de las rosas.

Vamos déjame atraer tus manos de ceniza al fuego
que lo que pase en el viento se sople
como humo de café por la mañana
en los ahoras donde los cielos empiezan a llover.

Las historias serían grises si vienes y caminas
en una hipérbole, un significado quieto de la luz
un movimiento que se quiebra,
en la velocidad o en sus huellas de polvo.

Esta mano tirada y derretida
forma parte de las cosas frágiles que pueden apagarse,
fundirse, congelarse o irse.

Pasas de pronto en los últimos años
en el recuerdo de mañana
en los minutos que se tardan en la madera del reloj.

Aun en este viaje las horas se secan
las voces inquietas se pierden en el humo,
desaciertos
en esta visión de pasión pequeña,

Los cielos perfectos no envejecen
y los más violentos vicios los encuentro en tu voz.

LA FORMA DEL VIENTO

Los vientos se levantan temprano y de noche
entre las medias vueltas del mundo
viendo a la noche luna y al día que se hace tarde,
a las olas murmurando entre piedras
en los árboles marchitos,
mirando la vida como hojas secas.

Con ese polvo de viento
sumergido en la luz
entre el horizonte de la nieve
 y la boca de la mañana
donde el suelo se envejece;
 se parte y se pierde.

A su vez se quemó el cielo
se cayó en gotas;
la lluvia se volvió la palabra de los mares
y la ceniza se volvió la sal.

Antes del primer amanecer
la claridad del sol estaba en el fuego,
al apagarse la luna, brillaron las estrellas;
los ojos se cerraron igual que un lienzo.

El pájaro aplicó el lenguaje del aire a su canto,
al hombre se le dieron las montañas
y dejó de hablar con la serpiente y el venado
para solo comer sus huesos, su piel.

UN NAVEGANTE DE SUEÑOS

Apaga la luz, tira las nubes en lluvia
hazme en el hielo calor de noche,
que el centro de mi cuerpo se haga de agua y vuelva.

Con esta crisis de viento
busco en los oleajes todas tus huellas,
regreso al suelo con las hojas
que se prenden en la tierra.

Despierta en las madrugadas
y toma de mi mano, los besos
que se encuentran en mi boca;
en esta pintura de cantos buscando el tacto.

Como te cambia en el otoño la voz del verso;
algo se rompe como barcos de madera.
 y te dices que en el sol no existen ya los días
y que de noche, tampoco se juega
ni se duerme.

AL VER VENIR LA LLUVIA

Dejemos volar a las palomas,
al venir la lluvia
y el tiempo aproximarse de mañana.

A las hojas secas
las estrellas y nubes se cansan
se oscurecen o se tapan.

Al mirar a los planetas
los amaneceres se tocan
como el medio día a las nubes.

Dispersando un sonido
el sentido de las distintas voces
rozó los cantos.

Al mismo tiempo,
la espuma del sueño y las tardes
juegan a mojar las paredes
como si pintáramos calles de papel.

A MEDIA NOCHE VUELVO

Espero que los minutos de esta noche se acorten
que en mis ojos tu luz puedan verse.

Y beber de ti un verso,
una palabra de tu boca
como licor en mi garganta cuando callas.

Tarde,
el sol aparta al mundo
mientras duermen sus párpados.

Llegó a tiempo al tacto
junto al viento
y mi voz te quita la ropa.

Tenuemente mis labios parecen escaparse
y en un instante
parecieran tuyos.

EN HOJAS MARCHITAS

Me deshago en agua
sobre las hojas marchitas,
como el suelo o la madera blanda.

Uno las palabras desechas de las cartas
recogiendo las pálidas mejillas secas
a la suerte de los granos de maíz.

Nos juntamos como la luna al día,
como brea del cielo cuando llueve
viniéndonos abajo
con el viento de las nubes.

Subiendo sobre los árboles
como los pétalos del suelo.

Eres el vientre del mar
oculta entre la hierba,
el humo del fuego que apaga la noche
turbia como la luz del sol.

Yo soy animales juntando sonidos
piedras que duermen en la orilla del agua,
la humedad de los viejos pasos.
Que vuelven al tiempo de tus cabellos largos
de besos silvestres que se van
cuando los astros comienzan a apagarse.

UN NÁUTICO VIENTO

Que pareces ocasos cuando giran
dejándote caer en forma de agua.

Mi cuerpo va a donde la luna cumple su sueño
y duerme
buscando la hora o la noche.

Suelto las flechas a tu voz
como el cielo que se detiene y se para,
dime si un náutico viento mueve tu pelo
en ese espejo que no refleja la voz
solamente se ve tu boca.

A TARDE MEDIA

Sin aves que lo vuelen o mares,
salgo del mundo
ni atardeceres anunciando noches.

Sentir el aire y tocar la piel
es una constante que sucede y pasa
es el lugar donde no sé sabe
¿Adónde irá el sol?.

Imaginando la nube a la mitad del sueño
pareciendo mañanas de un amanecer
de un movimiento de las hojas quietas.

Hay pájaros en la zozobra
partes de esas breves cosas que volaron,
a salvo los cometas
a punto de terminar el día.

EL TIEMPO DE LOS ESPEJOS

El tiempo de los espejos
vuelan en el andar como las calles
ocultando las voces
en el verano que también tira las hojas.

Las lunas se vuelven en azul turquesa
en los soles cuando se vuelva la noche,
cuando venga lo oscuro del viento
acortando el tiempo antes del día.

En este despertar de estrellas
caminando en nubes,
volca en el invierno cuando llueve
en la sed y las hojas secas.

Un tiempo para las primaveras frías
que se parece a los mundos secos del agua
en la mar como el final del día en el desierto,
como del ayer que busca la mitad del sol.

O las sombras de los sueños de las nubes
que se hacen en la humedad si lloviera mañana.

CUANDO SE TERMINE EL CANTO

Eras como un antes y te llamaste octubre
atada a trazos de estrellas,
vives en el tiempo
en esta fuga que quiebra esta voz.

Comienza inquieta cuando se termina el canto
a volver al frío en tu piel
a darle calor en forma de seda cuando duermes.

Ojalá el día no brinque
ni disperse la luz
de la forma danesa de tu nombre Catalina
que se hace simulando agua y la pureza.

Como Odiseo no puedo pronunciar tu nombre
y estoy donde se termina el mundo,
donde se pierde la noche
y tú pintas flores con las ninfas
y busco las semillas que roben tus tardes
que nadan en tu trayecto frágil, Perséfone.

LOS AMULETOS DEL TIEMPO Y DEL VIENTO

Cerrando las calles
cantan las vías su sonido y su canto
un poco del todo que se rompe y tararea
con la visión de un mundo que se pierde.

En esta edad herida de polvo
como un campo que camina
en las ondas del viento
saliendo en la arena celeste sin tiempo.

Este tren se va con las flores
cuando se deje de tejer el mundo,
volverá como la luz en las estrellas
en forma de recuerdos como la voz del sueño.

Sobre esta ceniza en la madera fresca
la luna se caerá en forma de cristales,
creciente y azul, se hace en cantos
envejeciendo en un amuleto de aire.

Somos viento de agua sobre el humo
la nota melódica del sueño,
antes del cielo en esa espuma del año
donde lo luminoso de la tarde cubre al sol
en un bosque de lluvias de verde agua
y cánticos celestes y quietos.

VOLVIERON IMÁGENES AL AIRE

Puedo ver el viento palpitar a tu palma
no se ve al cielo deslumbrarse
y vuelves de luz
a los atajos del sueño.

Delgada fragilidad que es arena en tus dedos
recuerdos de la brisa viajera
de tu risa, de tu ser coral.

En el espacio tú aroma que es una estrella blanca
que deja de imaginar
tus ojos con el sol
o en la oscuridad de noches que no duermes.

Que ya solo a kilómetros de cascabel
escucho esa voz.

COMIENZA A LLOVER EN LA TARDE

Debía regresar la luz en los ojos
empañado sus cristales como gotas de agua
y todo se trastoca al tacto,
el sabor a tarde.

Que la palabra invente su vuelta
a la evaporación de los veranos
y las plumas solas.

Pararon las calles en su tiempo corto
y el origen del mundo comenzó a juntarse.

Ahora que somos esporas,
hojas de otoño,
inviernos de calor frío y despertares.

Pasarán estelas blancas
en la luz donde camina el agua.

Como las hojas de un árbol
de pedazos que parecen historias
en los tiempos de luna
y el cielo llamó.
queriendo ser el día siguiente.

UN SOPLO DE LA TARDE Y EL AGUA

A veces uno toca un cuerpo y lo despierta
por él pasamos la noche que se abre,
la pulsación sensible de los brazos marinos.

Homero Aridjis

EL LENGUAJE DEL AGUA

Se dice en las piedras
como pescados en el agua ausente,
y se mueve el viento que se queda quieto,
que se parece al sol
a las tardes, a los días que dominan el canto.

Los defectos de las estrellas
se hacen nubes, en el cielo del día,
bajo las horas,
en el adelanto de la voz, en la espuma,
como los pecados del cielo en las lunas
con el norte a mitades.

También es ausente la evaporación del aire
deja de ser potable con la lluvia
parecidos a los silencios largos y la calma,
a la piel con el frío.

Después del vuelo
que con los dedos aprenden a sonar las campanas
en el medio de mis ojos,
en el lenguaje del agua.

HASTA OLVIDAR LAS FECHAS Y LAS NUBES

Me encanta la luz en pequeños pasos,
me basta que hable de ti,
evaporando palabras
como la boca que se llena de vacíos.

Guarda ese secreto en tu voz de noche
como lo hace el sol con el agua del suelo
cuando tus ojos te sueñan.

Voy de camino largo a pie
tomando tu sonido como un mineral de pocos tonos
en esta casa abierta
que no pacta el desvivido sentido.

Y vamos a jugar al silencio
en medio del pasar de las lunas
hasta poder olvidar las fechas y el alud de nubes.

EN ESTE ESPACIO QUE TIEMBLA

Como pasos de agua seca mi garganta grita tu nombre
en este espacio que tiembla
mi vida se hace vidrio, papeles y basura
aprendo del aire que se va.

La serpiente de las nubes se hace de la piel del sol
se empalma al fuego como un lunar azul al cielo,
como agua en el aire estando bajo nieve,
nuestro espejo se hace de cristal al frío,
nos fuimos entregando al calor y al humo y nos volvimos polvo.

El tiempo pasa como una voz en la tarde
en un canto congelado cuando la noche llueve.

COMO LAS HOJAS DE UN ÁRBOL QUE SE SECA

Los pedazos de historias
parecen irse
en los tiempos de luna.

Al caer cada mañana
como las hojas de un árbol viejo.

Voy de camino al tiempo dejando arena
cortando pasos sumergidos en agua
y a veces visualizando lluvia.

En las tardes de luz
he visto el sol disiparse,
yo me visualice en silencio
en los ecos del final del mundo.

UN SOPLO DE LA TARDE

Ayúdame a llegar a las cuevas
con ese aire de piedra.
donde nace la voz de los rituales,
estoy nevando, echado abajo,
deteniendo el canto del ave a las puertas.

El soplo de la tarde y su destello suave
vieron el comenzar del sol sobre los ojos,
habiendo, amanecido en mí como un espejo
los mensajeros del viento
llevan mi cuerpo hacia la nada.

Somos una pelota que se juega
un juego de pelota
una piedra de cobalto,
espíritus de tierra,
ágata azul
que se hace rueda de luz.

No me quites la vida
ni sacrifiques los días
anunciando la muerte de los hombres
doncella de noche con tu tacto de luna.

Parecida a un corazón
sopla la tarde
con ese líquido que me quema los cabellos
entre tus piernas y las estrellas
y así siempre terminan los días.

NOCHES EN VELA

Me persigue el sol
abrazo las noches,
las puertas dejan entrar al frío
como el sonido de una casa sola.

Los silencios son besos
que escarban a la voz,
contaminando al viento
dando vueltas en el tiempo.

No vivo bajo techo
contemplo el aire en la piel,
mientras tus ojos se dejan ver
cuando se los lleva el sueño.

La claridad silvestre
se empalma como el pelo,
tus pechos vuelven a nacer
en la mañana.

Y vuelves como papel para escribirte
cuando cae el agua
o la sed se estanque en tu boca.

SI FUERAS UNA FLOR DE NOCHE

Mínimamente escarbo a tus hojas
como escarabajo.

Soy el tallo fértil
y una flor
que atrae a las abejas.

Quieta buscando el sol
enmarañada al suelo de casa
náutica de noche, luna.

Soy el viento que quiere marchitarse
robar el dulzor de tu tarde tibia,
tocar con mis manos las gotas de lluvia
de ese pétalo indiferente que se pierde y vuela.

El estilo que conduce la feminidad
y la antera de polen.

El filamento, el cuchillo
y tú, liquida de agua.
alimento de insectos
néctar, solución de agua.

LOS RECUERDOS DEL AIRE Y EL VIENTO

Es muy temprano para las tardes
para un horizonte de hielo encima de la nieve,
como todos los inviernos sin lluvia
en la mitad celeste que divide al mundo.

Las cosas que no están
se pierden como una voz en un cristal,
pueden irse como gotas en el sol
cansadas de girar como los papeles en el piso.

Las cosas que desaparecen pasan volando en la luz
justo a la mitad,
el viento roba la escarcha
como un documento en blanco.

Cambiando las formas bajo las hojas
en este tacto que toca el aire
como un movimiento de planetas sin eco
en una habitación donde naces
donde me sabes a recuerdos quietos.

SOBRE LA LUZ DE LUNA

Todo se hace en la tardanza menos el sol del día
el tiempo se acostumbra al viento y a la brisa,
a la poca voz,
mientras afuera se deshacen las manos.

La espuma blanca vence mis pasos,
al aire le faltan nuevamente noches largas
sobre la luz de luna
y una parte del mundo.

Y yo voy en el cuesco del alba
cargando tu nombre con la medianoche,
afirmo que en los instantes pactan y ceden
cruza en el lucero como giran las estrellas en tu sueño
cuando el corazón ya solo sirve para envejecer.

TE VI PASAR A MIS OJOS

Seguirte es como perseguir la luz en el agua
una nube de noche
cautiva de átomos con modelos estelares
estallando la polaridad del día y la noche.

En ese desabrigado instante
en el cerrar la puerta
llevando a los movimientos del sol y la luna.

La última vez el viento me llevó a tu palma
se perdió en el ayer,
se dejaron las notas del despertar temprano
y una nube parecía una estrella.

Esa aparición nubla el sueño
es una aproximación para que se haga tarde
en un sentir de calor con frío.

DE VUELTA

Quiero quedarme anclado
Juntando piedras para darte,
hacer una casa para dos con mármol.

En esta parte sin rumbo
a la cual te espero con el nombre del futuro
con una flor y un sol en mi voz
esperare el amanecer de los días.

Un tren al campo del sueño
que caliente más que la luz,
cuando el azul de luna parezca más una nube.
que una noche sola.

Préstame tu mano
que vuele como vuela el viento
o dame un mapa de regreso.

EN UN SUEÑO

En el silencio o en este cielo
                              nuestra delgada piel
volverá a juntarse
                              agudizando el oído
esperando justo debajo de la noche
                              un carrusel de luces blancas.

Suele ser la casualidad
                    que el sonido se disipa
                                        como el polvo
                                        en este orden.

Que está separado del suelo.

            Temo que el tiempo se parta a la mitad

hasta enfermar la piel,
                  mis pesadillas esperan
                  y saben que vuelvo a las lunas del ayer.

PIEL MARCHITA

Ella viene como el agua dulce de río
a las piedras secas,
las palabras que se guardan en la voz
las puertas cerradas.

Formo parte del viento
que a veces se hace polvo,
que se queda o canta
llevando los sueños pendientes.

Las distancias largas que no quieren dormir
en el viaje de la luna
a un costado de la luz y las estrellas.

Tomo las yemas de tus manos
como ese reloj de sol que le faltan días,
en estas historias que marchita la piel.

PARECE QUE VIENE LA NIEVE

Cuando palpas el agua con tu nombre
cuatro mujeres se hacen viento;
al tocarte con tus dedos
migra tu rizo a perderse en los ríos.

La diosa Kalí se vuelve fruta para el mundo
un árbol donde los duraznos cuelgan,
un arroyo de luz,
arroyo de montañas,
que las cubres con tu piel.

Nutre como las semillas con la lluvia
se alimenta de los lagos,
abre las llaves del sol
en tu blanco pecho
 y se escapa con los duendes.

Parece que viene la nieve
que tu mano juega con el lino de tu ropa,
que estás vestida con estrellas
que montas leones en sueños.

Mientras mi alma se guarda en ti
cabalgando fantasmas
lleva el color de la luna en su torso,
con olor a flores.

A VOCES SOLAS

Quiere estás hojas de papel
al tiempo corto del después de la tardanza,
antes que los ojos contengan la luz al cerrarse.

Y es que llego a pie cuando amanece
tocando tambores
sacándome el corazón del pecho,
volviendo atraer tu canto de noche
en estas manos que regresan al comienzo.

En esas callles donde habita el frío
que se clava como estaca en los días
para velar el tiempo
poniendo al acecho a la media noche.

Me pongo en fuego al verte
en el arroyo de agua seca
en la voz sola del texto
en el largo mensaje de no decir palabras.

LA MANO DE LUNA

Estoy intacto de las manos
como un tigre que se pierde en la selva
anclado y detenido en la necedad
de una mujer que parece agua de río.

Quemando la piel y al viento
se comprometió el sol a envejecer,
en el oriente de la mano de la luna
en ese corazón mitad de piedra.

Llegó la prisa del día por ocultarse
la luz de una estrella que no brilla,
ese sonido de madera al fuego
que dan tus dedos a mi cuerpo seco
en desuso y apagado.

SOBRE LAS PALABRAS Y TU VOZ

Solo veo estrellas cuando duermo
en un descanzo de calles que nombran el frío,
eres el medio beso del viento
la lluvia en mi piel y la luz.

Un diccionario de los sueños
el pellizco en la nieve,
las gotas de la sed
los años que dejaron de pasar.

Y un sonido toca esta noche
avisando el amanecer del sol,
despertando la voz
los silencios en reposo de minutos largos.

Después de este domingo el mundo dejará de verse
por cada sol tibio sin su luna,
siguiendo instantes del invierno
de claros diás, de nubes negras.

LA MUERTE DEL AIRE

Estamos a sobre pared
vuelta de los regresos
de las cosas que no tienen agua
puramente secular como raíces.

Tiempo seco
una identificación falsa y real,
una resistencia de los dioses artesanos
por dejar morir al aire.

Lograron poner palacios en las nubes
casas volando en el cielo,
que duren veintiocho existencias del hombre
que no las queme el fuego.

Quiten la madera verde
que el universo flotará sobre los mares,
las hormigas serán los seres de metal
que al tiempo sus manos serán papel quemado.

Un ejército buscando de comer
sobre la arena
tentados a recoger rocas brillantes
se volverán gusanos al tiempo.

Con ojos ciegos
por ver los cristales y su luz
perderán la voz.

El viento cumplió las cuatro edades
y cortamente se hace humo,
el polvo se hace como un pétalo
de una flor cortada
y se va como las nubes buscando al sol.

ANTES DE VIVIR

Vivo adentro de la piel mojada
doy la vuelta en espiral
en los renglones.

Con esos ojos de escarcha
que parece nieve blanca del amanecer temprano
agregué una historia corta
en este libro de cien hojas.

Que tú puedes buscar la tardanza
y el nacimiento de la fruta
en un árbol a medio morir.

Luego pasan los años
en forma de pesadillas para el sueño
la lluvia se vuelve un contacto frágil a la piel.

Tengo el mal recuerdo de volver cada mañana
de contar las manos que nadan en el agua
en ese aire que tira las hojas.

En esos entonces vuelo
viajo en el ojalá de las mañanas,
en esa nube de calle
estoy afuera de estas puertas de cristal
y no creo que la luna duerma en el medio sol.

ME DESHAGO DE NOCHE

Armo piezas de pantanos
imitando castillos viejos,
sinceramente me da miedo deshacerme en agua
o perder el sueño con las luces de noche.

Y traigo las alarmas de cuando pasa el tiempo
volando estrellas
como los cometas de papel
como la voz que se guarda en los cuadernos.

Necesito ganar tiempo a la vuelta de sol
en este mundo de regreso,
en los suelos secos
al otro día además de todas las tardes.

Quisiera ver de nueva cuenta
las mañanas en inviernos fríos
entre los naufragios y tus ojos de durmiente luna.

NOS HACEMOS DE POLVO

Otra noche los mantos del sol envejecieron
se mantuvieron adentro de mis ojos esperando tardes
imaginando el amanecer en las ventanas
balanceándome, escapando, labrando en mi vida los
silencios largos.

Así lo dispuso el corazón del cielo
el mismo aire de viento que marchita la piel,
y oscurece las mañanas
el mundo calla y se dejó ir.

Nos hacemos de polvo
nuestro nombre se pierde en las cosas
ya vemos estelas humedeciendo el tiempo,
hagan sus bailes y juegos, bares y cantos de casa
dijo la templanza.

Canta los murmullos de las calles solas
y viviras mil años dijo: la luna
en este templo donde nacen las cañas
y el maíz blanco seguirá creciendo en tu regreso.

Sobre el autor

Demian Palacios. Poeta y psicólogo mexicano, nació en la Ciudad de México en 1990. Estudió en la UNAM la licenciatura de Psicología. En 2024 Buenos Aires Poetry (Buenos Aires, Argentina), el Congreso Cifar (México) y FlowerSong Press (Texas, EUA) publicaron poemas de su autoría. En 2023 su poesía fue traducida al italiano por el Centro Cultural Tina Modotti. En 2012 fue invitado a la 7ma Feria Internacional del libro de Arquetipia, Perú, También ha participado en antologías mexicanas para el Colegio de Ciencias y Humanidades, UNAM, *Seres Abisales* (Verso Destierro), *Palabra de Colibrí III* (El Canto de la Alondra). En el 2018 publicó su primer libro, *Donde se hiela la sal del mar* bajo el sello Ediciones del Lirio.

Septiembre 2024
Buenos Aires Poetry
www.editorialbuenosairespoetry.com